张弘 编

行的走力量

——南京研学手册

山东教育出版社

图书在版编目（CIP）数据

行走的力量：南京研学手册 / 张弘编. —济南：
山东教育出版社，2019.10
ISBN 978-7-5701-0808-4

Ⅰ. ①行… Ⅱ. ①张… Ⅲ. ①素质教育－手册
Ⅳ. ①G40-012

中国版本图书馆CIP数据核字（2019）第218765号

XINGZOU DE LILIANG——NANJING YANXUE SHOUCE

行走的力量——南京研学手册

张弘 编

主管单位：山东出版传媒股份有限公司
出版发行：山东教育出版社
　　　　　地址：济南市纬一路321号　邮编：250001
　　　　　电话：（0531）82092660　网址：www.sjs.com.cn
印　　刷：济南龙玺印刷有限公司
版　　次：2019年10月第1版
印　　次：2019年10月第1次印刷
开　　本：720毫米×1020毫米　1/16
印　　张：2
字　　数：30千
印　　数：1-20000
定　　价：8.00元

（如印装质量有问题，请与印刷厂联系调换）电话：0531-86027518

我的小档案

学　　校＿＿＿＿＿＿＿＿

＿＿＿＿＿年级＿＿＿＿班

姓　　名＿＿＿＿＿＿＿＿

联系方式＿＿＿＿＿＿＿＿

古人云："读万卷书，行万里路。"
新一季研学开始了，你准备好了吗？

走进中国历史，
感受中华上下五千年的辉煌成就；
走进现代科技，
了解我国科学技术的飞速发展；
走进红色文化，
感悟革命先辈的热血情怀。
让我们一起开始这趟美妙的旅程吧！

目录

◆ 安全知识及应急措施　/1

◆ 行前物品准备　/4

◆ 重要信息　/5

◆ 研学知识准备　/7

◆ 研学收获　/22

◆ 研学评价　/26

安全知识及应急措施

（一）人身安全

1. 任何时间，未经带队老师许可，不得擅自离队活动。

2. 牢记集合的时间和地点，并在规定时间内到达。

3. 参观时要注意脚下，不乱跑乱跳，不与同伴打闹。

4. 按照行程安排统一就餐，未经老师许可，不得擅自购买食品和饮料。

5. 不擅自离开团队。若走失，请电话联系带队老师；若发现同伴离队，立即向带队老师汇报。

（二）财产安全

1. 妥善保管随身行李物品，防止财物丢失。

2. 行李物品过安检时，要注意清点行李数量。

3. 随时检查行李物品是否收拾整齐。

（三）住宿安全

1. 领队老师分发房卡后，记住自己的房号及室友的联系电话，保存好房卡，防止丢失。

2. 记住领队老师和辅导员的房号和电话。

3. 休息前务必落实集合的准确时间和地点。

4. 老师查房后，禁止串门，不得影响他人休息。

5. 按老师的分配入住房间，不得随意调换。

6. 按规定时间就寝，熄灯后不打扰同伴。

7. 定好闹钟，按规定时间起床，保证按时出行。

8. 退房时，检查好自己的随身物品，防止遗漏。

（四）应急措施

火灾

1. 一旦起火，不要惊慌失措。若火势不大，应迅速报告老师，同时利用现有灭火器材，采取有效措施控制和扑救。若火势较大，应迅速从消防通道逃生，并拨打火警电话119。

2. 在浓烟中逃生，要尽量放低身体，并用湿毛巾捂住嘴鼻。

3. 如果身上着火，千万不要奔跑，要就地打滚，压灭身上的火苗。

4. 救火时不要贸然开窗，以免空气对流加速火势蔓延。

5. 不要留恋财物，要尽快逃出火场，若已经逃出火场，千万不要再返回。

溺水

1. 严禁私自下水游泳。

2. 乘船时必须坐好，不要在船上乱跑乱跳。

3. 一旦遇到特殊情况，保持镇静，听从船上工作人员的指挥，不擅自跳水。

4. 如遇到有人溺水，不要贸然下水营救，应赶紧求助老师或工作人员。

5. 如果不慎掉入水中，应大声呼救。

6. 随身物品掉入水中不要着急去捞，而应寻求专业人员的帮助。

踩踏事件

1. 楼梯通道内，上下楼梯都应保持举止文明，人多的时候不拥挤、不打闹、不起哄。

2. 在拥挤的人群中，尽量走在人流的边缘。

3. 发觉拥挤的人群向自己行走的方向来时，应立即避到一旁，不要慌乱，避免摔倒。

4. 应顺着人流走，切不可逆着人流走，否则容易被人流推倒。

5. 在拥挤的人群中要时刻保持警惕。当发现自己前面有人摔倒了，要马上停下脚步，同时大声呼救，告诉后面的人不要靠近。

研学旅行时要遵守当地法律法规和社会风俗，与当地民众和谐共处。在欣赏文物的同时，要注意爱护文物，做文物安全工作的宣传员。

行前物品准备

物品名称	是否带齐	物品名称	是否带齐
身份证/户口本		洗漱用品	
学生证		毛巾	
手机		梳子	
相机		纸巾	
背包		湿巾	
充电宝		拖鞋	
充电线		运动鞋	
钱包		帽子	
中性笔		收纳袋	
研学手册		雨具	
水杯		防晒衣	
换洗衣物		防晒霜	
常备药品		防蚊液	

重要信息

1. 研学负责人联系方式

职务	姓名	联系方式
带队老师		
指导老师		
辅导员		
司机		
队医		
紧急联系人		

2. 小组成员及联系方式

姓名	联系方式

3. 相关医院信息

地点	医院名称	医院地址	联系电话

4. 相关派出所信息

地点	派出所名称	派出所地址	联系电话

研学知识准备

▌关于南京

　　南京，简称"宁"，号称"六朝古都，十朝都会"，南京都市圈核心城市，全国重要的教科研教育基地和综合交通枢纽。首批国家历史文化名城，中华文明的重要发祥地。素有"江南佳丽地，金陵帝王州"的美称。历史悠久，文脉悠长，是中国南方的政治、经济、文化、科教中心，自古以来就是一座崇文重教的城市，有"天下文枢""东南第一学"的美誉。

> → 所谓"六朝古都，十朝都会"分别指的是哪些朝代？

▌人文南京

南京博物院

　　南京博物院是中国三大博物馆之一，其前身是国立中央博物院，占地13万平方米，为"一院六馆"格局。现拥有各类藏品43万余件（套），馆藏数量全国前三，上至旧石器时代，下迄当代，既有全国性的，又有江苏地域性的；既有宫廷传世品，又有考古发掘品，还有一部分来源于社会征集及捐赠，均为历朝历代的珍品佳作和备受国内外学术界瞩目的珍品。青铜、玉石、陶瓷、金银器皿、竹木牙角、漆器、丝织刺绣、书画、印玺、碑刻造像等所有文物品类一应俱全，每一品种又自成系列，成为数千年中华文明历史发展最为直接的见证。

　　2018年10月11日，南京博物院入选"全国中小学生研学实践教育基地"名单。

➡ 你最喜欢南京博物院的哪些展品？你能说出它们
的故事吗？

南京大学

南京大学是中华人民共和国教育部直属、中央直管副部级建制的综合性全国重点大学，是历史悠久、声誉卓著的百年名校，是国家"211工程""985工程"及"双一流"重点高校。

南京大学其学脉可追溯自公元258年的南京太学，近代校史肇始于1902年创建的三江师范学堂，此后历经两江师范学堂、南京高等师范学校、国立东南大学、国立中央大学、国立南京大学等历史时期，1950年更名为南京大学并沿用至今。

在一个多世纪的办学历程中，南京大学及其前身与时代同呼吸、与民族共命运，谋国家之强盛、求科学之进步，为国家的富强和民族的振兴作出了重要的贡献。尤其是改革开放以来，南京大学又在崭新的历史机遇中焕发出新的生机，在教学、科研和社会服务等各个领域保持良好的发展态势，各项办学指标和综合实力均位居全国高校前列。

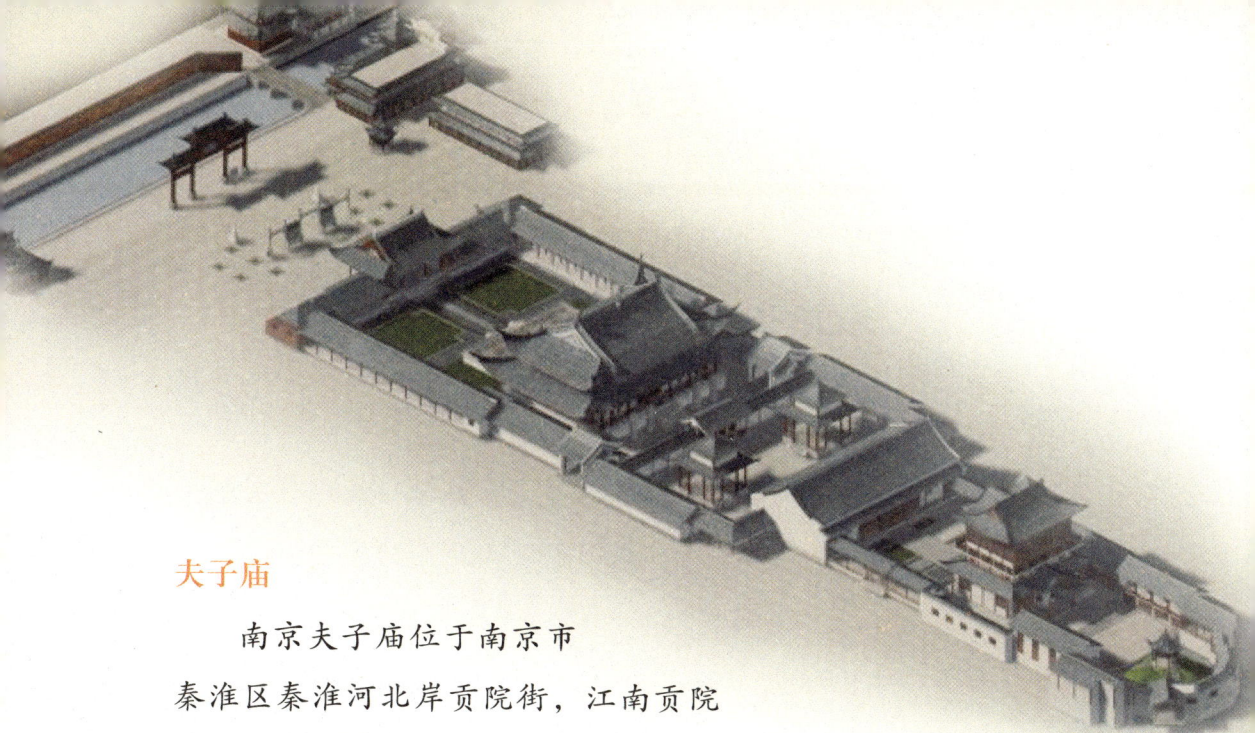

夫子庙

　　南京夫子庙位于南京市秦淮区秦淮河北岸贡院街，江南贡院以西，为供奉祭祀孔子之地，是中国四大文庙之一。为中国古代江南文化枢纽之地、金陵历史人文荟萃之地，同时也是体验江南市井文化的场所。

　　夫子庙是一组规模宏大的古建筑群，主要由孔庙、学宫、贡院三大建筑群组成，占地极大。有照壁、泮池、牌坊、聚星亭、魁星阁、棂星门、大成殿、明德堂、尊经阁等建筑。夫子庙被誉为秦淮名胜而成为古都南京的特色景观区，是中国最大的传统古街市，也是中国著名的开放式国家AAAAA级旅游景区。

> ➡ 说一说你眼中的夫子庙。

▌科技南京

南京科技馆

南京科技馆是国家AAAA级旅游景区、全国科普教育基地和江苏省科普教育基地。南京科技馆包括科技馆主场馆、科技影院及其他相关配套设施。主场馆由常设展厅、非常设展厅、国际会议交流报告厅等组成。其中常设展厅按主题划分为宇宙探秘、地球万象、智慧主人、创造天地、知识海洋和儿童科技乐园等6个展区。展品总计350多件，其中70%以上的展品是参与性项目。

→ 你最喜欢哪个展厅？快来说一说吧。

南京航空航天大学

南京航空航天大学简称南航，是中华人民共和国工业和信息化部直属的一所具有航空航天民航特色、以理工类为主的综合性全国重点大学，是国家"211工程""985工程"优势学科创新平台重点建设高校，是国家世界一流学科建设高校。

学校前身是1952年10月以511厂为基础创建的南京航空工业专科学校，是中华人民共和国创办的第一批航空高等院校之一；1978年，被国务院确定为全国重点大学；1981年，经国务院批准成为全国首批具有博士学位授予权的高校；2012年12月，工业和信息化部、中国民用航空局签署协议共建南京航空航天大学；2018年12月，工业和信息化部、教育部、江苏省联合发布意见共建南京航空航天大学。

东南大学

　　东南大学是中华人民共和国教育部直属并与江苏省共建的全国重点大学，是国家"985工程"和"211工程"重点建设大学之一。2017年，东南大学入选世界一流大学建设A类高校名单。东南大学是我国最早建立的高等学府之一，素有"学府圣地"和"东南学府第一流"之美誉。

　　东南大学前身是创建于1902年的三江师范学堂。1921年经近代著名教育家郭秉文先生竭力倡导，以南京高等师范学校为基础正式建立国立东南大学，成为当时国内仅有的两所国立综合性大学之一。东南大学是我国著名的"建筑老八校"之一，1988年南京工学院更名为东南大学，2000年东南大学和1958年创建的南京铁道医学院等校合并，仍定名东南大学。

热血南京

南京总统府

南京总统府位于南京市玄武区长江路292号，是中国近代建筑遗存中规模最大、保存最完整的建筑群，也是南京民国建筑的主要代表之一，现已辟为中国近代史遗址博物馆。

南京总统府建筑群占地面积约9万平方米，既有中国古代传统的江南园林，也有近代西风东渐时期的建筑遗存，至今已有600多年的历史。1912年1月1日，孙中山在此宣誓就职中华民国临时大总统。

南京总统府自近代以来，多次成为中国政治、军事的中枢及重大事件的策源地。中国一系列重大事件或在这里发生，或与这里密切相关，一些重要人物都在此活动过。现已列为全国重点文物保护单位，国家AAAA级旅游景区。

→ 南京总统府大堂有几幅大型油画？分别描绘了什么场景？

中山陵

　　中山陵位于南京市玄武区紫金山南麓钟山风景区内，是中国近代伟大的民主革命先行者孙中山先生的陵寝及其附属纪念建筑群，面积8万余平方米。

　　中山陵前临平川，背拥青嶂，东毗灵谷寺，西邻明孝陵，整个建筑群依山势而建，由南往北沿中轴线逐渐升高。主要建筑有博爱坊、墓道、陵门、石阶、碑亭、祭堂和墓室等，排列在一条中轴线上，体现了中国传统建筑的风格。从空中往下看，像一座平卧在绿绒毯上的"自由钟"。其融汇了中国古代与西方建筑之精华，庄严简朴，被誉为"中国近代建筑史上第一陵"。

　　⊙ 谈谈你对"一座中山陵，半部国民史"的理解。

侵华日军南京大屠杀遇难同胞纪念馆

　　侵华日军南京大屠杀遇难同胞纪念馆位于南京市建邺区水西门大街418号，选址于南京大屠杀江东门集体屠杀遗址及遇难者丛葬地，是中国首批国家一级博物馆，首批全国爱国主义教育示范基地，全国重点文物保护单位，首批国家级抗战纪念设施、遗址名录，也是国际公认的第二次世界大战期间三大惨案纪念馆之一。

　　该纪念馆呈现了1937年侵华日军攻占南京后制造的惨无人道的血腥暴行，是中国唯一一座有关侵华日军南京大屠杀的专史陈列馆及国家公祭日主办地。

→ 观看电影《南京！南京！》或《金陵十三钗》
谈谈你的感受。

雨花台

雨花台风景区又名雨花台风景名胜区，简称雨花台。

雨花台烈士陵园是雨花台风景区的主要功能区，位于雨花台丘陵中岗，是新中国规模最大的纪念性陵园，首批国家AAAAA级旅游景区，全国重点文物保护单位，全国爱国主义教育示范基地。

陵园包括雨花台主峰等5个山岗，以主峰为中心形成南北向中轴线，自南向北有南大门、广场、纪念馆、纪念桥、纪念碑、烈士就义群雕等。

→ "雨花台烈士纪念碑"是由谁题写的？纪念碑护墙上镌刻着的是什么？

诗意南京

石头城

〔唐〕刘禹锡

山围故国周遭在，潮打空城寂寞回。

淮水东边旧时月，夜深还过女墙来。

乌衣巷

〔唐〕刘禹锡

朱雀桥边野草花，乌衣巷口夕阳斜。

旧时王谢堂前燕，飞入寻常百姓家。

泊秦淮

〔唐〕杜牧

烟笼寒水月笼沙，夜泊秦淮近酒家。

商女不知亡国恨，隔江犹唱后庭花。

登金陵凤凰台

〔唐〕李白

凤凰台上凤凰游，凤去台空江自流。

吴宫花草埋幽径，晋代衣冠成古丘。

三山半落青天外，二水中分白鹭洲。

总为浮云能蔽日，长安不见使人愁。

南乡子·自古帝王州

〔宋〕王安石

自古帝王州，郁郁葱葱佳气浮。

四百年来成一梦，堪愁。晋代衣冠成古丘。

绕水恣行游，上尽层城更上楼。

往事悠悠君莫问，回头。槛外长江空自流。

→ 你还知道哪些和南京有关的诗词？写一写吧。

研学收获

· 我的研学日记 ·

· 我的研学日记 ·

· **我的研学日记** ·

我 的 打 卡 记 录

研学评价

	评价要素	学生自评	家长评价	老师评价
研学前	1. 自己准备研学物品并进行检查。			
	2. 主动了解研学基地概况。			
	3. 主动了解行程路线，熟悉研学目的。			
	4. 主动了解天气情况。			
	5. 主动与家长沟通，积极参与研学活动。			
	6. 做好外出研学心理准备，以文明学生的标准要求自己。			
研学中	1. 遵守研学行程安排与规定。			
	2. 保护好人身与财产安全。			
	3. 健康饮食，及时补充水分。			
	4. 安全出行，遵守交通规则。			
	5. 与人友好相处，关心同学，尊重师长。			
	6. 相互配合，分工合作。			
研学后	1. 回顾总结本次研学的观后感。			
	2. 在导师指导下作出研学总结。			
	3. 展示本次研学成果并与小伙伴交流、讨论。			
	4. 研学激发的灵感、创意。			